BEI GRIN MACHT SICH IHR WISSEN BEZAHLT

Bibliografische Information der Deutschen Nationalbibliothek:

Die Deutsche Bibliothek verzeichnet diese Publikation in der Deutschen National-
bibliografie; detaillierte bibliografische Daten sind im Internet über http://dnb.d-
nb.de/ abrufbar.

Impressum:

Copyright © 2013 GRIN Verlag
Druck und Bindung: Books on Demand GmbH, Norderstedt Germany
ISBN: 9783656877240

Dieses Buch bei GRIN:

https://www.grin.com/document/287261

Anonym

Customer Relationship Management. Grundlagen, Aufbau, Implementierung und Praxisbeispiele

GRIN Verlag

GRIN - Your knowledge has value

Der GRIN Verlag publiziert seit 1998 wissenschaftliche Arbeiten von Studenten, Hochschullehrern und anderen Akademikern als eBook und gedrucktes Buch. Die Verlagswebsite www.grin.com ist die ideale Plattform zur Veröffentlichung von Hausarbeiten, Abschlussarbeiten, wissenschaftlichen Aufsätzen, Dissertationen und Fachbüchern.

Besuchen Sie uns im Internet:

http://www.grin.com/

http://www.facebook.com/grincom

http://www.twitter.com/grin_com

Customer Relationship Management

Seminararbeit

Studiengang: Wirtschaftsingenieurwesen (Master)

2013

Inhaltsverzeichnis

Inhaltsverzeichnis

1 Einleitung

Märkte werden zunehmend gesättigt und die Konkurrenz steigt stetig. Auch etablierte Unternehmen werden gezwungen neue Wege zu beschreiten und sich neu im Markt zu positionieren. Die steigenden Transparenz durch das Internet sowie steigende Ansprüche der Kunden an Produkte und Dienstleistungen führen zu geringerer Kundentreue.

Deshalb ist es notwendig neue Strategien zu entwickeln. Enge Beziehungen mit den Kunden sind die Grundlage für eine langfristige Geschäftsbeziehung mit maximalem Nutzen für beide Geschäftspartner. Durch ein effektives Customer Relationship Management lassen sich lukrative Kunden binden und dadurch der Unternehmenserfolg steigern.

Die vorliegende Arbeit gibt einen Einblick in das Customer Relationship Management. Zunächst werden im zweiten Kapitel die Grundlagen des CRMs aufgezeigt. Im dritten Kapitel wird erläutert, was bei einer Konzeption eines CRMs zu beachten ist. Im vierten Kapitel wird beschrieben, wie das CRM-Konzept durch ein System im Unternehmen implementiert werden kann. Kapitel 5 zeigt mehrere Beispiele von CRM-Aktivitäten in der Praxis auf. Anschließend erfolgt im Fazit eine Zusammenfassung der Arbeit.

2 Grundlagen des CRM

2.1 Definition

Customer Relationship Management bezeichnet eine Unternehmensstrategie bei der der Kunde in den Mittelpunkt gestellt wird. Es umfasst alle Maßnahmen die zu einer langfristigen und verbesserten Kundenbindung führen. Sämtliche kundenbezogenen Prozesse werden hierbei im Unternehmen bereichsübergreifend gesteuert. Eine konsequente Ausrichtung auf die Kundenperspektive kann durch CRM eine Zusammenarbeit mit dem Kunden über das gesamte Konsumentenleben hinweg schaffen und somit den Unternehmenserfolg steigern.[1]

2.2 Entstehung des CRM

Customer Relationship Management entstand durch die Intensivierung des Wettbewerbs zwischen Unternehmen, stagnierenden und schrumpfenden Märkte sowie der steigenden Anzahl von Konkurrenten. Durch die Internationalisierung werden die Unternehmen vor neue Herausforderungen gestellt. Eine höhere Produktvielzahl und -Komplexität sorgt für kurze Produktlebenszyklen. Ebenso sind einige Veränderungen auf der Kundenseite zu erkennen. Moderne Informationstechnologien geben den Kunden neue Einkaufswege und eine erhöhte Markttransparenz. Das stetig wachsende Angebot erhöht den Anspruch an Leistung und Preis. Wechselbarrieren und Markengebundenheit wird abgebaut.[2]

Technologische Trends sorgen für völlig neue Möglichkeiten im Kundenkontakt. Es entstehen vielfältige Kommunikations- und Vertriebskanäle, die die Komplexität der Beziehung zum Kunden erhöhen. Fortschrittliche Informationstechnologien bieten steigende Möglichkeiten zur Aufbereitung und Analyse von Kundendaten. Produkte können über das Internet von Kunden selbst zusammengestellt werden (Mass Customization).

Diese beschriebenen Entwicklungen führen dazu, dass die Kosten für eine Neukunden-Akquise steigen, während der Anspruch des Kunden gleichzeitig wächst. Deshalb sind die Unternehmen gezwungen, sich auf eine langfristige Kundenbindung zu fokussieren und eine Beziehung zum Kunden aufzubauen. Diese Philosophie weicht vom traditionellen transaktionsorientierten Marketing ab. Es entsteht ein kundenbeziehungsorientiertes Marketing.

---

[1] Vgl. Leußer, Wolfgang/ Hippner, Hajo/ Wilde, Klaus D., 2011, S.1.
[2] Vgl. Leußer, Wolfgang/ Hippner, Hajo/ Wilde, Klaus D., 2011, S.1.

Das transaktionsorientierte Marketing legt das Hauptaugenmerk auf den Kaufabschluss. Marketingaktivitäten finden hier vor allem vor dem Kauf statt und sind eher kurzfristiger Natur.

Das beziehungsorientierte Marketing hingegen stellt eine langfristige Bindung der Kunden in den Vordergrund. Die Profitabilität eines Unternehmens kann durch die Verlängerung der Kundenbeziehung erhöht werden. Dieser ökonomische Erfolg des Beziehungsmarketings hat mehrere Gründe. Zum einen steigen innerhalb einer Kundenbeziehung die Preisbereitschaft und das Umsatzvolumen an. Des Weiteren erlang das Unternehmen tiefere Einblicke in die Bedürfnisse des Kunden, sodass sich der Betreuungsaufwand reduziert. Kundendialoge ermöglichen eine unverzügliche Reaktion auf veränderte Nachfrage und führen zu einer individuellen Beziehung. Dies erhöht die Eintrittsbarrieren für potentielle Wettbewerber.

Customer Relationship Management ergänzt das beziehungsorientierte Marketing um vier wesentliche Aspekte:

- Kundensegmentierung: CRM verfolgt keine uneingeschränkte Kundenorientierung. Kunden werden nach dem Profit, den sie dem Unternehmen bringen, selektiert.

- Abteilungsübergreifende Kundenorientierung: CRM verfolgt die Strategie das gesamte Unternehmen auf den Kunden auszurichten.

- Koordination der Kommunikationskanäle: CRM sorgt für ein koordiniertes Auftreten gegenüber dem Kunden. Mehrere Kommunikationskanäle werden synchron gemanaged.

- Informations- und Kommunikationstechnologien: Customer Relationship Management nutzt das Potential von Informations- und Kommunikationstechnologien für die Pflege der Kundenbeziehung.[3]

3 Strategische Planung eines CRM-Konzepts

Um ein Customer Relationship Management im Unternehmen zu verankern und durch ein System zu stützen, muss zunächst eine CRM Strategie entwickelt werden. Die Planung dieses CRM-Konzepts umfasst verschiedene Analysen, die das Ziel verfolgen, lukrative Kunden durch bedarfsgerechte CRM-Aktivitäten langfristig zu binden.

---

[3] Vgl. Leußer, Wolfgang/ Hippner, Hajo/ Wilde, Klaus D. , 2011, S.2f.

3.1 Situationsanalyse und Zielplanung

Zur Konzeptionierung einer CRM Strategie bedarf es zunächst einer Situationsanalyse und Zielplanung. Auf Basis einer Situationsanalyse, die sich im CRM vor allem auf den Kunden bezieht, werden strategische Zielplanungen konzipiert.

3.1.1 Situationsanalyse

Die Situationsanalyse umfasst eine Analyse externer sowie unternehmensinterner Faktoren. Unternehmensexterne Faktoren umfassen Aspekte, die für das Unternehmen von Relevanz, jedoch nicht beeinflussbar sind. Im CRM sind das beispielsweise Aspekte wie Markt, Kunde, Konkurrenz oder Umfeld.

Im Rahmen der Chancen und Risiken Analyse geht es in diesem Kontext vor allem darum die Beziehungen zu den Anspruchsgruppen zu eruieren. Es ist zu untersuchen welche Möglichkeiten der Zusammenarbeit mit den einzelnen Anspruchsgruppen bestehen. Für die Entwicklung einer Strategie im Customer Relationship Management ist es wichtig zunächst eine Analyse der Kunden durchzuführen.

Während die Chancen und Risiken über die externen Einflussfaktoren eines Unternehmens Auskunft geben und damit einen Möglichkeitsraum definieren, zeigen die Stärken und Schwächen interne Faktoren auf, mit denen innerhalb dieses Raumes agiert werden kann. Bei der unternehmensinternen Analyse werden interne Ressourcen beispielsweise aus den Bereichen Marketing, Einkauf oder Finanzen einbezogen.[4]

Nicht beeinflussbare Aspekte / Beeinflussbare Aspekte	Chancen	Risiken
Stärken	Verfolgung von Chancen mit entsprechenden Stärken.	Ausgleich von Risiken mit internen Stärken.
Schwächen	Nutzung von externen Chancen für eigene Schwächen.	Minderung von externen Gefahren für interne Schwachstellen.

Abbildung 1: SWOT-Matrix (Quelle: Eigene Darstellung, in Anlehnung an Bruhn, Manfred, 2001, S.87)

---

[4] Vgl. Bruhn, Manfred, 2001, S.81-87.

Zur systematischen Gegenüberstellung der externen und internen Faktoren ist die Verwendung einer SWOT-Matrix (siehe Abb. 1) sinnvoll. Diese hat den Nutzen zu erkennen, welche Risiken vermieden oder welche Chancen genutzt werden können.

Die Ergebnisse der SWOT Analyse bilden die Basis für eine Zielplanung.[5]

3.1.2 Zielplanung

Aufbauend auf den strategischen Handlungsalternativen aus der SWOT Analyse müssen nun innerhalb der Zielplanung konkrete Ziele festgelegt werden.

Bei der Planung des CRM müssen auf verschiedenen Ebenen unterschiedliche Ziele verfolgt werden. Um diese Ziele zu strukturieren und verfolgen zu können, ist es sinnvoll die Ziele entlang einer Erfolgskette auszurichten, um daraus eine Ableitung von Maßnahmen zu ermöglichen.[6]

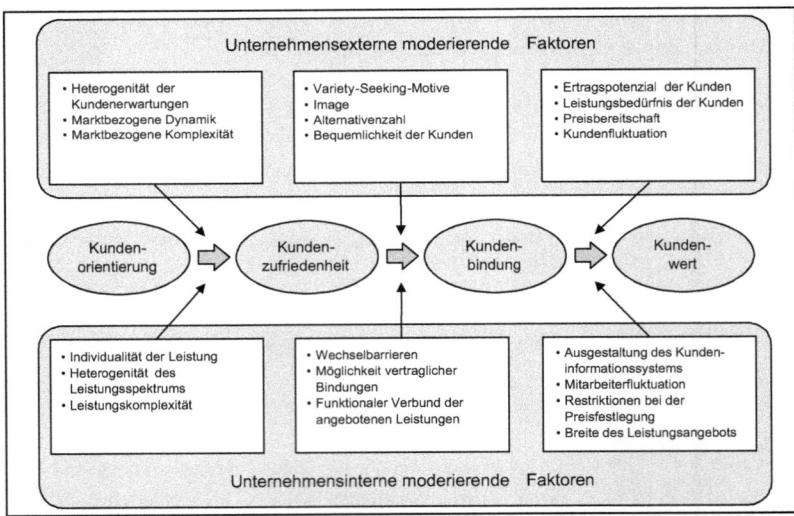

Abbildung 2: Erfolgskette des CRM (Quelle: Bruhn, Manfred, 2009, S.6)

Die Ziele, die mit der Erfolgskette verfolgt werden können, lassen sich in die Kategorien Kundenzufriedenheit, Kundenbindung und Kundenwert (siehe Abb. 2) unterteilen. Die Kette wird von externen und internen moderierenden Faktoren bestimmt. Das wesentliche Merkmal der Kette ist das Herstellen von Wirkungsbeziehungen zwischen den gewählten Zielsetzungen. Hierbei sollte nicht der direkte Zusammenhang von bei-

---

[5] Vgl. Bruhn, Manfred, 2001, S.86.
[6] Vgl. Bruhn, Manfred, 2001, S.87f.

spielsweise Kundenorientierung und Kundenzufriedenheit im Vordergrund stehen, sondern die Ausrichtung aller Glieder der Kette auf die ökonomische Steuergröße Kundenwert.[7]

3.2 Kundenlebenszyklus als Ausgangspunkt des CRM

Je nach Lebensphase oder Beziehung des Nachfragers zum Anbieter müssen unterschiedlichen CRM-Maßnahmen entwickelt werden. Das Kundenlebenszyklus-Konzept strukturiert die unterschiedlichen Stadien, die Anbieter und Nachfrager während der Kundenbeziehung durchlaufen. Hierbei lassen sich zwei Kundenlebenszyklen-Konzepte unterscheiden. Bei der ersten Variante, dem Kundenbedarfslebenszyklus, erfolgt die Segmentierung anhand des lebenszeitabhängigen Bedarfs des jeweiligen Nachfragers. Die zweite Betrachtungsweise, der Kundenbeziehungslebenszyklus, zeigt die unterschiedlichen Phasen, die Nachfrage und Anbieter durchlaufen, auf und strukturiert anhand dessen den Bedarf für den Nachfrager.[8]

3.2.1 Kundenbedarfslebenszyklus

Die Lebensphasen des Menschen sind bei diesem Instrument das Kriterium zur Segmentierung des Bedarfs. Die grundlegende Annahme ist, dass Kunden während ihres Lebens unterschiedliche Bedürfnisse besitzen, auf die mit entsprechenden CRM-Aktivitäten reagiert werden kann. Unterschieden werden kann bei dem Kundenbedarfslebenszyklus zwischen der Nutzung als gegenwartsorientiertes oder als zukunftsorientiertes Steuerungsinstrument. Die gegenwartsorientierte Sicht dient zur Darstellung und Nutzung von aktuellen Kundenpotentialen, um beispielsweise Cross-Selling-Potentiale zu realisieren oder eine Produktdifferenzierung vorzunehmen. Aus der zukunftsorientierten Sicht lassen sich mittel- und langfristige Erfolgspotentiale des Kunden ablesen. Befindet sich der Kunde in einer Phase, in der er in Zukunft starke Bedürfnisse in dem jeweiligen Markt aufweisen wird, ist dieser für das Unternehmen interessanter als in einer anderen Phase. So weist beispielsweise ein Student, der ein Managementstudium absolviert und vorhat eine Familie zu gründen, langfristig höheres Potential auf, als ein unvermögender Rentner.[9]

3.2.2 Kundenbeziehungslebenszyklus

Der Kundenbedarfslebenszyklus stellt den Rahmen dar, innerhalb dessen nun die Kundenbeziehungsentwicklung mithilfe des Kundenbeziehungslebenszyklus analysiert werden kann. Dieser setzt den Verlauf einer Kundenbeziehung mit der jeweiligen In-

---

[7] Vgl. Bruhn, Manfred, 2009, S.39.
[8] Vgl. Bruhn, Manfred, 2001, S.43f.
[9] Vgl. Bruhn, Manfred, 2001, S.44f.

tensität während der unterschiedlichen Beziehungsphasen in Verbindung. Dieser Zyklus zeigt die verschiedenen Bedürfnisse innerhalb der Beziehungsphasen auf und schafft die Grundlage für die Generierung von CRM-Maßnahmen. Bei der Darstellung dieses Zyklus bestimmt die Abszisse die Dauer der Geschäftsbeziehung, während die Ordinate die Beziehungsintensität aufzeigt (siehe Abb. 3). Um die Beziehungsintensität zu kennzeichnen, gibt es drei verschiedene Möglichkeiten, die sich entweder in Kombination oder isoliert anwenden lassen. Dies können psychologische Indikatoren (z.b. Beziehungsqualität aus Kundensicht oder Vertrauen des Kunden), verhaltensbezogene Indikatoren (z.b. Kaufverhalten oder Informationsverhalten) oder ökonomische Indikatoren (z.B. Kundenwert) sein.

Bei dem Kundenbeziehungslebenszyklus lassen sich die drei Hauptphasen Kundenakquisition, Kundenbindung sowie Kundenrückgewinnung unterscheiden.[10]

In den folgenden Kapiteln wird auf die einzelnen Phasen detaillierter eingegangen, um die Unterschiede und Handlungsmöglichkeiten aufzuzeigen.

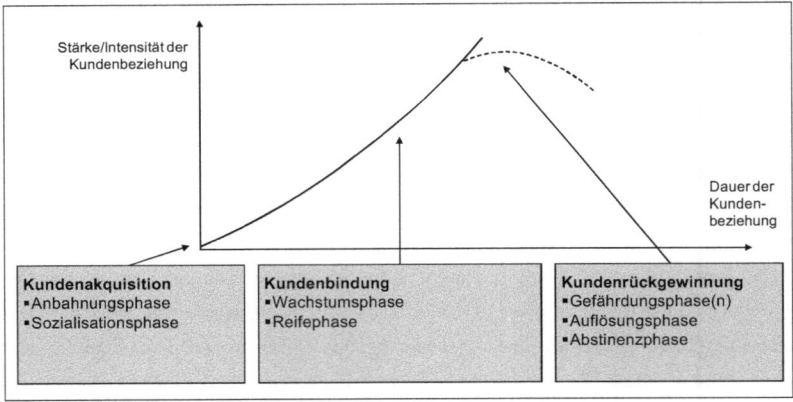

Abbildung 3: Kundenbeziehungslebenszyklus (Quelle: Bruhn, Manfred, 2009, S.44)

---

[10] Vgl. Bruhn, Manfred, 2001, S.46f.

3.3 Kundenakquisition

Bei der Kundenakquisition werden Maßnahmen eingeleitet, die dazu führen, dass ein Kunde erstmalig bei einem Unternehmen kauft. Die Kundenakquisition bietet sich an, wenn das Unternehmen beispielsweise einen kleinen Kundenstamm hat, die aktuellen Kunden weniger profitabel sind oder neue Kunden in den Markt eintreten. Hierbei verfolgt das Unternehmen die Ziele:

- Den geringen Kundenstamm auszubauen
- Kundenverluste zu kompensieren
- Die Profitabilität der Kunden zu verbessern
- Eine Markterweiterung
- Die Marktanteile gegenüber Wettbewerbern auszubauen.[11] [12]

Die Kundenakquisition beinhaltet die Anbahnungs- und Sozialisationsphase. In der Anbahnungsphase erkundigt sich der Kunde nach ein Angebot oder reagiert auf eine Kommunikationsmaßnahme des Unternehmens. In dieser Phase sind zwei Strategien anzuwenden. Die Stimulierungs- oder die Überzeugungsstrategie, die jeweils faktisch oder symbolisch eingesetzt werden können (siehe Abb. 4).

Aufgabe \ Mittel	Faktisch	Symbolisch
Stimulierung (Anreize)	**Faktische Stimulierungsstrategie** Bsp.: - Sonderangebote - Preisausschreiben	**Symbolische Stimulierungsstrategie** Bsp.: - Imageaufbau - Testimonials in der klassischen Werbung
Überzeugung (Dokumentation)	**Faktische Überzeugungsstrategie** Bsp.: - Leistungsproben - Vorher-Nachher-Werbung	**Symbolische Überzeugungsstrategie** Bsp.: - Steuerung von Weiterempfehlungen - Qualitätsgarantien

Abbildung 4: Typen der Kundenakquisitionsstrategie (Quelle: Eigene Darstellung, in Anlehrung an Bruhn, Manfred, 2011, S.132)

Im Rahmen der Stimulierungsstrategie sollen dem Kunden Anreize geliefert werden, um eine Beziehung mit dem Unternehmen einzugehen. Die faktische Stimulierungsstrategie zielt darauf ab, den Kunden zu einem Impulskauf aufgrund von leistungsbe-

---

[11] Vgl. Kappler, Arnold, 2004, S.4.
[12] Vgl. Bruhn, Manfred, 2011, S.132.

zogenen Anreizen zu bewegen. Diese Strategie lässt sich beispielsweise umsetzen, indem das Unternehmen durch Sonderangebote den Kunden zum Probekauf animiert oder mittels Preisausschreiben das Interesse an dem Unternehmen weckt. Bei der symbolischen Umsetzung der Strategie stehen intangible Komponenten des Unternehmens, wie beispielsweise die Marke und das Image im Vordergrund. Eine impulsgebende Stimulierung kann beispielsweise auch durch Testimonials in der Werbung erreicht werden.[13]

Die Überzeugungsstrategie dient der Dokumentation der Fähigkeit, die Kundenbedürfnisse und -erwartungen zu erfüllen. Die faktische Umsetzung erfolgt durch eine leistungsbezogene Argumentation der Produktvorteile. Hierzu können beispielsweise Leistungsproben angeboten oder eine Vorher-Nachher-Werbung geschaltet werden, um den Kunden von der Leistungsfähigkeit zu überzeugen. Die symbolische Umsetzung erfolgt ohne einen Leistungsbezug. Hierbei können Maßnahmen wie „Kunde-wirbt-Kunde"-Aktionen angewendet werden oder das Unternehmen kann versuchen, den Kunden mittels Qualitätszertifikate, Leistungsgarantien, Testurteile, etc. vom Produkt bzw. Unternehmen zu überzeugen.[14]

Kommt es erstmals zum Kauf und damit zur Aufnahme der Geschäftsbeziehung, tritt der Kunde in die Sozialisationsphase ein und macht erste Erfahrungen mit Produkten und Dienstleistungen sowie der unternehmerischen Betreuung.

3.4 Kundenbindung

Nimmt der Kunde Folgekäufe vor, befindet er sich in der Wachstumsphase und es werden Maßnahmen und Instrumente angewendet, „[...] die zu kontinuierlichen oder vermehrten Wieder- und Folgekäufen führen bzw. verhindern, dass Kunden abwandern."[15] Eine Kundenbindungsstrategie bietet sich z.B. an, wenn das Unternehmen generell eine hohe Anzahl von Wechselkunden aufweist oder nur in geringem Maße Cross-Selling-Potenziale realisieren kann. Die Umsetzung einer Kundenbindungsstrategie verspricht:

- Die Steigerung der Profitabilität
- Die Verringerung des Abwanderungsrisikos
- Eine Förderung der Weiterempfehlung

---

[13] Vgl. Bruhn, Manfred, 2011, S.133.
[14] Vgl. Bruhn, Manfred, 2011, S.133f.
[15] Kappler, Arnold, 2004, S.4.

- Die Nutzung der Cross-Selling-Potenziale.[16]

Um einen Kunden an das Unternehmen zu binden bzw. die Bindung des aktuellen Kundenstamms zu intensivieren, sind zwei Strategien anwendbar. Zum einen die Verbundenheitsstrategie und zum anderen die Gebundenheitsstrategie (siehe Abb. 5).

Bei der Verbundenheitsstrategie zielt das Unternehmen darauf ab, den Kunden durch psychologische Determinanten, wie z.B. die Beziehungsqualität, Kundenzufriedenheit, etc., zu binden. Hierbei geht das Bindungsinteresse vom Kunden aus und ist von dem Unternehmen überzeugt.

	Verbundenheitsstrategie	Gebundenheitsstrategie
Kundenbindende Aktivitäten des Anbieters	Management der Kundenzufriedenheit und des Kundenvertrauens	Aufbau von Wechselbarrieren
Bindungswirkung	Nicht-Wechseln-Wollen	Nicht-Wechsel-Können
Freiheit der Kunden	Uneingeschränkt	Eingeschränkt
Bindungsinteresse	Geht vom Kunden aus	Geht vom Anbieter aus
Bindungszustand der Kunden	Verbundenheit	Gebundenheit

Abbildung 5: Verbunden- und Gebundenheitsstrategie (Quelle: Eigene Darstellung, in Anlehnung an Hofbauer, Günter, 2009, S.38)

Bei der Gebundenheitsstrategie hingegen bestehen Barrieren, die einen Wechsel verhindern. Diese Barrieren können vertragliche, ökonomische oder technisch-funktionale Ursachen haben. Der Kunde ist in seiner Freiheit eingeschränkt und hat keine Möglichkeit zu einem anderen Unternehmen zu wechseln.

Des Weiteren ist bei diesen beiden Kundenbindungsstrategien die Fristigkeit zu berücksichtigen. Es ist zu entscheiden, ob die Kunden kurzfristig oder langfristig an das Unternehmen gebunden werden sollen (siehe Abb. 6.).

Eine kurzfristige Gebundenheitsstrategie ist z.B. mittels kurzfristiger Verträge oder Mengenrabatten realisierbar. Um den Kunden langfristig an das Unternehmen zu binden, bietet sich der Abschluss von langfristigen Verträgen oder Abonnements an.

---

[16] Vgl. Bruhn, Manfred, 2011, S.134f.

Durch beispielsweise Niedrigpreisangebote oder Geschenke kann eine kurzfristige Verbundenheitsstrategie umgesetzt werden. Zur Umsetzung einer langfristigen Verbundenheitsstrategie bedarf es eine Leistungsindividualisierung.

Steigt der Kundenumsatz nur noch mit sinkenden Wachstumsraten, liegt die Reifephase der Geschäftsbeziehung vor.

Fristigkeit Art der Kundenbindung	Kurzfristig	Langfristig
Gebundenheit (Wechselbarrieren)	**Kurzfristige Gebundenheitsstrategie** Bsp.: - Kurzfristige Verträge - Mengenrabatte	**Langfristige Gebundenheitsstrategie** Bsp.: - Langfristige Verträge - Abonnements
Verbundenheit (Psychologisch)	**Kurzfristige Verbundenheitsstrategie** Bsp.: - Niedrigpreisangebote - Überraschung durch Geschenke	**Langfristige Verbundenheitsstrategie** Bsp.: - Leistungsindividualisierung

Abbildung 6: Typen von Kundenbindungsstrategien (Quelle: Eigene Darstellung, in Anlehnung an Bruhn Manfred, 2011, S.135)

3.5 Kundenrückgewinnung

Der Übergang zur Gefährdungsphase erfolgt, wenn die Ergebnisbeiträge stagnieren oder sinken. Es kann zu einer Beendigung der Geschäftsbeziehung kommen, wenn das Unternehmen keine Gegenmaßnahmen einleitet. In der Auflösungsphase haben die Kunden bereits gekündigt. Ein Teil dieser ehemaligen Kunden werden nicht erneut eine Geschäftsbeziehung aufnehmen. In diesem Fall endet der Beziehungslebenszyklus nach Abschluss der Auflösungsphase. Andere Kunden sind nach einer Abstinenzphase zur Wiederaufnahme der Geschäftsbeziehung bereit, weil sie z.B. vom Wettbewerbsangebot enttäuscht sind. In dieser Revitalisierungsphase sind ehemalige Kunden wieder ansprechbar und im Erfolgsfall beginnt ein zweiter Zyklus.[17]

Die Kundenrückgewinnung umfasst daher sämtliche Maßnahmen die darauf abzielen, eine durch den Kunden beendete oder eine gefährdete Geschäftsbeziehung erneut aufzunehmen. Eine Kundenrückgewinnung bietet sich z.B. an, wenn die Gründe für die Wechselrate in Fehlern des Unternehmens liegen, die Rückgewinnung profitabler er-

---

[17] Vgl. Bruhn, Manfred, 2011, S.135.

scheint als die Kundenakquisition oder einzelne Kunden einen hohen Kundenwert aufweisen. Die Ziele einer Kundenrückgewinnungsstrategie sind:

- Gefährdete Kunden zu halten
- Ehemalige Kunden zurück zu gewinnen
- Den Umsatz zu sichern
- Negative Mund-zu-Mund Kommunikation zu verhindern.[18]

Bei der Kundenrückgewinnungsstrategie ist zu entscheiden, ob abwandernde Kunden
oder bereits abgewanderte Kunden zurück gewonnen werden sollen. Des Weiteren ist
festzulegen, ob die Kundenrückgewinnung über eine Wiedergutmachung oder eine
Verbesserung erfolgen soll (siehe Abb. 7). Die Herausforderung bei der Kundenrückgewinnung besteht darin, für jeden Kunden die richtigen Rückgewinnungsanreize zu
setzen. Dazu müssen jedem Kunden geeignete Angebote gemacht werden, die die
Wiederaufnahme der Geschäftsbeziehung ermöglichen.[19]

Kundensituation Art der Rückgewinnung	Abwandernde Kunden	Abgewanderte Kunden
Wiedergutmachung	**Kompensationsstrategie** Bsp.: - Ersatz beschädigter Leistung - Kompensationszahlung	**Stimulierungsstrategie** Bsp.: - Rabatte bei Beziehungswiederaufnahme - Geschenk bei Wiederaufnahme
Verbesserung	**Nachbesserungsstrategie** Bsp.: - Reparatur beschädigter Leistung	**Überzeugungsstrategie** Bsp.: - Modifikation des Leistungsangebots - Innovation nach Kundenwunsch

Abbildung 7: Typen der Kundenrückgewinnungsstrategie (Quelle: Eigene Darstellung, in Anlehnung an Bruhn, Manfred, 2011, S.138)

Im Rahmen der Kompensationsstrategie kann ein abwandernder Kunde mittels einer
Wiedergutmachung am Abwandern gehindert werden. Hierbei erhält der Kunde beispielsweise einen Ersatz einer beschädigten Leistung oder eine Kompensationszah-
lung. Handelt es sich um einen abgewanderten Kunden, der mittels einer Wiedergutmachung zurückgewonnen werden soll, ist die Stimulierungsstrategie (siehe Abschnitt
3.3) anzuwenden.

---

[18] Vgl. Bruhn, Manfred, 2011, S.136f.
[19] Vgl. Bruhn, Manfred, 2011, S.138.

Mittels der Nachbesserungsstrategie soll ein abwandernder Kunde durch eine nachträgliche Verbesserung, wie z.B. die Reparatur einer beschädigten Leistung, wieder zufrieden gestimmt werden, sodass er freiwillig beim Unternehmen bleibt. Abgewanderte Kunden können nur mittels einer Überzeugungsstrategie (siehe Abschnitt 3.3) zurückgewonnen werden.

3.6 Kundensegmentierung

Nicht jeder Kunde weist für das Unternehmen die selbe Profitabilität auf. Jedes Unternehmen hat eine gewisse Anzahl von Kunden, für die mehr Geld zur Beziehungspflege ausgegeben wird, als an ihnen verdient wird. Dem kann eine Kundenbewertung, die die Potentiale der Kunden aufzeigt, entgegen wirken.

Eine langfristige Kundenbindung wirkt sich positiv auf die Rentabilität bzw. den Gewinn aus. Dies ist im Wesentlichen auf die folgenden Ursachen zurückzuführen:

- Steigerung der Kauffrequenz
- Reduzierung der Betriebskosten, beispielsweise für Werbung oder Kundenberatung
- Preiszuschläge, aufgrund von sinkender Preissensibilität
- Weiterempfehlung an potentielle Kunden.

Diese Potentiale können jedoch nur genutzt werden, wenn aus der Gesamtheit der Kunden die wertvollen Kunden herausgefiltert und diese intensiv durch Maßnahmen des CRM bearbeitet werden.

Um die Kunden zu bewerten gibt es einige Instrumente, die dazu herangezogen werden können. Im Folgenden soll genauer auf die Instrumente ABC-Analyse, RFMR-Ansatz sowie die Scoring-Methode eingegangen werden.[20]

3.6.1 ABC-Analyse

Die ABC-Analyse teilt und strukturiert die Kunden nach ihrer Bedeutung auf. A-Kunden sind am wichtigsten für das Unternehmen, B-Kunden haben eine geringere Wichtigkeit und C-Kunden sind eher unwichtig. Zur Strukturierung können verschiedene Kriterien genutzt werden. In der Praxis findet jedoch oftmals die Strukturierung nach dem Kundenumsatz Anwendung (siehe Abb. 8). Ziel der ABC-Analyse ist es, CRM-Aktivitäten stärker auf A-Kunden zu konzentrieren und dabei die Betreuungsintensität der C-Kunden zu reduzieren.

---

[20] Vgl. Leußer, Wolfgang/ Hippner, Hajo/ Wilde, Klaus D., 2011, S.119ff.

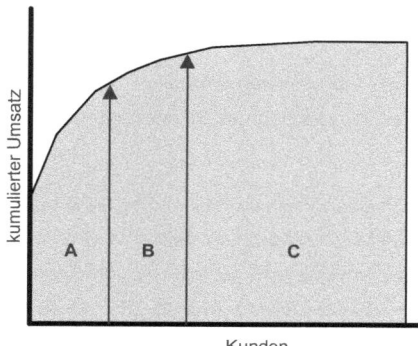

Abbildung 8: ABC-Analyse (Quelle: Combit GmbH, 2006)

Da die ABC-Analyse nur eine eindimensionale Betrachtung vollzieht, ist es wichtig weitere Überlegungen mit in die Analyse einzubeziehen. Beispielsweise sind umsatzstarke Kunden nicht unbedingt die ertragsreichsten Kunden. Deshalb ist es sinnvoll zusätzliche Kriterien wie Rendite oder Deckungsbeitrag heranzuziehen.[21]

3.6.2 RFMR-Ansatz

Bei dem RFMR-Ansatz wird der Kunde nach seinem letzten Kauf (Recency), der Kaufhäufigkeit (Frequency) sowie der Kaufsumme (Monetary Ratio) bewertet.

Kunden, die vor kurzer Zeit etwas gekauft haben, werden höher bewertet, als Kunden, die erst vor längerer Zeit etwas gekauft haben. Dieser Ansatz weist somit Kunden, die oft oder viel kaufen einen höheren Wert zu, als Kunden die selten oder wenig kaufen. Sobald die benötigten Daten vorhanden sind, ist der RFMR-Ansatz eine einfach handhabbare Methode. Jedoch ist die Erhebung der Daten aufwendig und es wird lediglich eine Momentaufnahme abgebildet.[22]

3.6.3 Scoring-Methode

Ein weiteres Verfahren zur Analyse des Kundenwerts ist das Scoring-Modell (siehe Abb. 9). Dieses betrachtet zusätzlich zu den harten monetären Faktoren auch weiche Faktoren. Um den Wert des Kunden innerhalb der Scoring-Methode zu bestimmen, müssen drei Schritte durchlaufen werden:

1. **Auswahl der Faktoren:** Zunächst müssen Faktoren ausgewählt werden, die das aktuelle und das zukünftige Potential der Kunden abbilden. Hierbei sollten sowohl

---

[21] Vgl. Leußer, Wolfgang/ Hippner, Hajo/ Wilde, Klaus D. , 2011, S.121.
[22] Vgl. Leußer, Wolfgang/ Hippner, Hajo/ Wilde, Klaus D. , 2011, S.125.

14

harte Faktoren (z.B. Umsatz) als auch weiche Faktoren (z.B. „Cross-Selling"-Potential) berücksichtigt werden.

2. **Gewichtung der Faktoren:** Da nicht alle Faktoren den Wert eines Kunden gleich stark beeinflussen, müssen die Faktoren spezifisch für die Situation des Unternehmens gewichtet werden.

3. **Bestimmung des Kundenwerts:** Durch eine Skala von 1-10 werden die jeweiligen Kriterien bewertet und dadurch der Kundenwert bestimmt. Während Größen wie Umsatz und Deckungsbeitrag einfach zu ermitteln sind, gestaltet sich die Ermittlung von Potentialgrößen und den weichen Faktoren eher schwierig. Um trotzdem zu aussagekräftigen Zahlen zu gelangen, können folgenden Punkte Beachtung finden:

- Marktentwicklung
- Wettbewerbersituation
- Zahlungsbereitschaft des Kunden
- Informationsbereitschaft des Kunden.[23]

Faktor	Bedeutung (%)	Punkte	Punktwert
Harte Faktoren			
• Umsatz	0,10	10	1,00
• Umsatzpotential	0,05	8	0,40
• Deckungsbreitrag	0,30	5	1,50
• Deckungsbeitragspotential	0,15	6	0,90
• Liquiditätspotential	0,05	7	0,35
Weiche Faktoren			
• Informationspotential	0,20	10	2,00
• „Cross-Selling" Potential	0,10	8	0,80
• Referenzpotential	0,05	5	0,25
Kundenwert			**7,20**

Abbildung 9: Beispiel eines Scoring-Modells im CRM (Quelle: Eigene Darstellung, in Anlehnung an Leußer, Wolfgang/ Hippner, Hajo/ Wilde, Klaus D. , 2011, S.129)

---

[23] Vgl. Leußer, Wolfgang/ Hippner, Hajo/ Wilde, Klaus D. , 2011, S.128f.

4 Implementierung des CRM im Unternehmen

Um die Erfolgskette (siehe Kapitel 3.1.2) (Kundenorientierung → Kundenzufriedenheit → Kundenbindung → profitable Kundenbeziehungen) anzustoßen und eine Entwicklung zu unterstützen ist es notwendig, diese Wirkungskette aktiv zu beeinflussen. Hierfür sind Schnittstellen zum Kunden sowie Prozesse kundenorientiert zu gestalten. Die Basis dieser angestrebten Veränderungen bildet eine zuvor definierte strategische CRM-Strategie, die spezifiziert, welche Ziele, mit welchen Kundengruppen, durch welche Maßnahmen und über welche Interaktionskanäle und Customer Touch Points (Kundenkontaktpunkte), wie z.B. Außendienst, Website, etc., bearbeitet werden sollen (siehe Kapitel 3).[24]

4.1 Maßnahmen zur Umsetzung der CRM-Strategie

Um diese Strategie erfolgreich umsetzen zu können, ist eine ganzheitliche Ausrichtung des Unternehmens auf den Kunden erforderlich. Dazu sind Systeme, Strukturen und die Kultur des Unternehmens kundenorientiert zu gestalten (siehe Abb. 10).

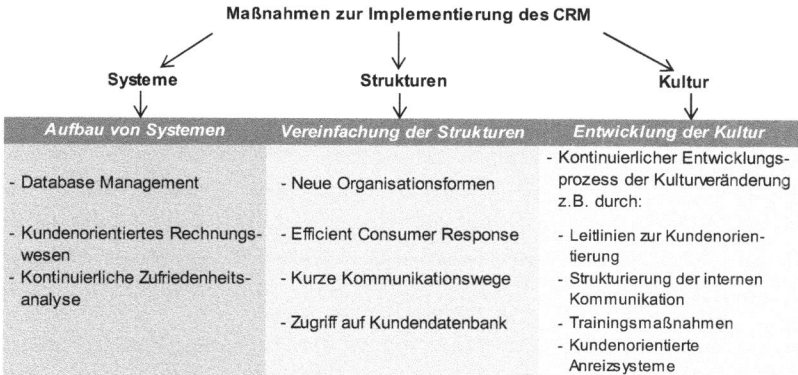

Abbildung 10: Maßnahmen zur Implementierung eines CRM (Quelle: Eigene Darstellung, in Anlehnung an Hofbauer, Günter, 2009, S.38)

Bei der strukturellen Anpassung steht die Gestaltung der Geschäftsbeziehungen zwischen dem Kunden und Unternehmen im Vordergrund. Es muss dafür gesorgt werden, dass die Kommunikation und die Interaktion mit dem Kunden sowie die interne Kommunikation verbessert wird. Dies ist beispielsweise durch die Bildung von dezentralen Einheiten sowie die Erweiterung von Entscheidungskompetenzen realisierbar, wodurch ein besserer Informationsfluss durch kürzere Kommunikationswege gewährleistet wird und somit eine hohe Flexibilität zur Lösung von Kundenproblemen gegeben ist. Des

---

[24] Vgl. Leußer, Wolfgang et al, 2011, S.36.

Weiteren sind die Organisationsformen auf beispielsweise ein Key-Account-Management anzupassen und dafür zu sorgen, dass die Mitarbeiter auf eine Kundendatenbank zugreifen können. So ist gewährleistet, dass z.b. im Falle einer Beschwerde alle relevanten Kunden- und Auftragsdaten abgerufen bzw. sofort vermerkt werden können.[25] [26]

Bei dem Aufbau von Systemen ist ein Database-Management einzuführen, womit die Gewinnung, Verarbeitung und Verwaltung von Kundeninformationen realisiert wird. Basierend auf den Kundendaten lassen sich individuelle Bedürfnisse des Kunden ableiten. So ist zu erkennen in welcher Phase des Kundenlebenszyklus sich der Kunde befindet und welche Maßnahmen eingeleitet werden müssen. Mittels eines Database-Managements ist es außerdem möglich:

- Rentable Kunden auf der Basis des Kundenwerts zu identifizieren
- Kundenprofile zu erstellen
- Markttrends anhand von Kundendatenanalysen zu erkennen.[27]

Weitere Informationen liefert z.b. die regelmäßige Durchführungen von Kundenzufriedenheitsanalysen. Hierzu müssen Kunden hinsichtlich ihrer Zufriedenheit im Rahmen der Marktforschung befragt werden, um Rückschlüsse auf die Zufriedenheit ziehen zu können.[28]

Um eine kundenorientierte Unternehmenskultur zu realisieren, muss der Wille zur ständigen Anpassung und Veränderung bei allen Mitarbeitern verankert und die Bedeutung der Kundenbindung bekannt und anerkannt sein. Dazu sind z.B. Leitlinien zur Kundenorientierung, Trainingsmaßnahmen für die Mitarbeiter und kundenorientierte Anreizsysteme zu etablieren.[29]

Neben der Geschäftsprozessoptimierung und des Change Managements ist es zudem erforderlich ein CRM-System für die IT-Unterstützung zu implementieren, welches im folgenden Abschnitt erläutert wird.

---

[25] Vgl. Rennhak, Carsten, 2005, S.10.
[26] Vgl. Bruhn, Manfred, 2009, S.53f.
[27] Vgl. Rennhak, Carsten, 2005, S.11.
[28] Vgl. Rennhak, Carsten, 2005, S.11.
[29] Vgl. Rennhak, Carsten, 2005, S.11f.

4.2 CRM-System

Bei einem CRM-System handelt es sich um eine IT-Lösung, die darauf abzielt:

- Sämtliche Kommunikationskanäle zum Kunden zu optimieren (kollaboratives/ ope-ratives CRM)

- Kundendaten zu synchronisieren sowie Customer Touch Points – insbesondere in den Marketing-, Vertriebs- und Serviceabteilungen - operativ zu unterstützen (ope-ratives CRM)

- Kundeninformationen zusammenzuführen und auszuwerten (analytisches CRM).[30]

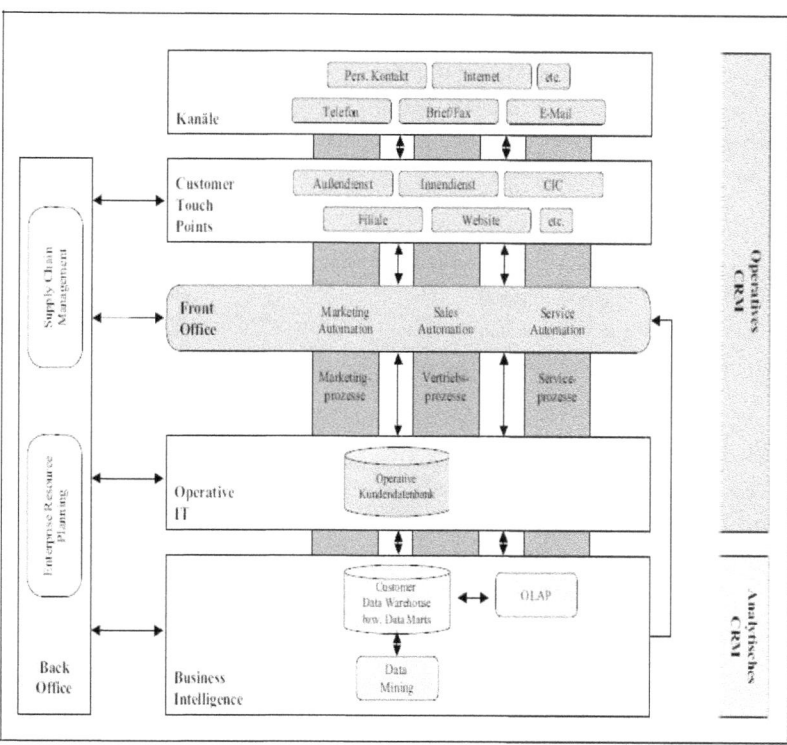

Abbildung 11: Komponenten eines CRM-Systems (Quelle: Hippner, Hajo et al, 2006, S.78)

Die Aufgabe des CRM-Systems (siehe Abb. 11) besteht darin, alle kunden- und auf-tragsbezogenen Daten zu synchronisieren und aufbereitet zur Verfügung zu stellen.

---

[30] Vgl. Rentzmann, René, 2011, S.131.

Hierzu werden die Daten aus Marketing, Vertrieb und Service sowie aus den Customer Tuch Points in einer Kundendatenbank abgespeichert und in einer verdichteten Form in einem Data Warehouse abgelegt. Mit Hilfe von Analyseinstrumenten, wie Data Mining und OLAP (Online Analytical Processing), werden die Daten ausgewertet und für die Vertriebs-, Marketing- und Serviceprozesse aufbereitet zur Verfügung gestellt.

4.2.1 Operatives CRM

Das operative CRM umfasst die Vertriebs-, Marketing- und Serviceprozesse und zielt darauf ab, die Marketing-, Vertriebs- und Serviceabwicklungsprozesse zu standardisieren und zu automatisieren. Um eine effiziente Durchführung der Auftragsabwicklungsprozesse im Vertrieb zu gewährleisten, ist die Anbindung an ERP- und SCM-Systeme notwendig. So wird beispielsweise ein erfasster Auftrag an das ERP-System zur Lieferung und Fakturierung weitergeleitet und die Verfügbarkeitsprüfung für einen Auftrag durch das SCM-System durchgeführt, sodass bei Kundenanfragen zuverlässige Aussagen z. B. über Liefertermin oder Verfügbarkeit gemacht werden können. Die Marketingprozesse verfolgen das Ziel:[31]

- „Dem richtigen Kunden,
- das richtige Informations- und Leistungsangebot
- im richtigen Kommunikationsstil
- über den richtigen Kommunikationskanal
- zum richtigen Zeitpunkt zu vermittelt."[32]

Um das Ziel zu erreichen werden sämtliche Informationen, wie z.B. Kauf- und Kontaktverhalten, Werbemaßnahmen, etc., vom CRM-System synchronisiert, sodass für jeden Kunden eine maßgeschneiderte Kampagne abgeleitet werden kann. Bei den Serviceprozessen stehen die Bearbeitung von Kundenanfragen oder Beschwerden im Vordergrund. Hierfür bietet das CRM-System eine Problemlösungsdatenbank an, worauf die Mitarbeiter zugreifen können.[33]

4.2.2 Analytisches CRM

Im analytischen CRM werden Daten für jeden Kunden gesammelt und in einem Data Warehouse abgelegt. Ergänzend zu den vorhandenen Daten können zusätzliche Informationen aus externen Quellen, wie z.B. Transaktions- und Stammdaten aus ERP- und SCM-Systemen, Daten aus Onlinesystemen oder Daten aus E-Mails, hinzugefügt werden. Nach der Erfassung und Speicherung aller Informationen werden diese mittels

---

[31] Vgl. Wannenwetsch, Helmut, 2005, S.281.
[32] Rentzmann, René et al, 2011, S.138.
[33] Vgl. Rentzmann, René et al, 2011, S.138f.

des Analyseinstruments OLAP verdichtet und anschließend mit Data Mining-Technologien die benötigten Informationen, wie z.B. Kundenwert, Kundenzufriedenheit, Kaufwahrscheinlichkeiten, etc. herausgefiltert und wiederum für die operativen Prozesse zur Verfügung gestellt. Das analytische CRM zielt darauf ab, eine Kundenwissensbasis zu schaffen, um Handlungsempfehlungen für das operative CRM abzuleiten. Auf diese Weise können die kundenbezogene Unternehmensprozesse über den gesamten Kundenbeziehungslebenszyklus kontinuierlich optimiert werden. Eine vereinfachte Darstellung dieses Prozesses ist der Abbildung 12 zu entnehmen.[34]

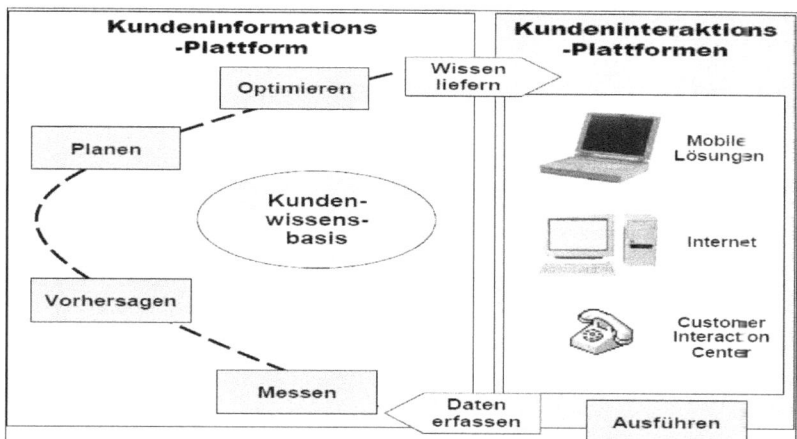

Abbildung 12: Analytisches CRM zur Schaffung einer Kundenwissensbasis (Quelle: Wannenwetsch, Helmut, 2005, S.284.

4.2.3 Kollaboratives CRM

Ziel des kollaborativen Bereichs des CRM-Systems ist es, eine effiziente und effektive Kommunikation zwischen dem Unternehmen und dem Kunden sowie den Vertriebs- und Servicepartnern zu erreichen. Dazu werden die Daten der Kundenkontakte vom CRM-System erfasst und über unterschiedliche Kommunikationskanäle synchronisiert (One-Face-to-the-Customer). Darüber hinaus kann durch die Anwendung von Computer Telephony Integration – Verknüpfung der Telefonanlage mit dem CRM-System – eine automatische Rufnummer-Erkennung realisiert werden, wodurch ein Kunde dem für ihn zuständigen Sachbearbeiter direkt zugewiesen wird. Dadurch können Telefonschleifen eliminiert bzw. verkürzt werden. Durch eine Anbindung am Back-Office, wie z.B. ERP-Systeme oder SCM, ist es außerdem möglich den Kunden, neben einer kompetenten Beratung, u.a. über den Lieferstatus zu informieren (Customer Contact

---

[34] Vgl. Wannenwetsch, Helmut, 2005, S.283.

Management). Diese Prozesse werden als Customer Interaction Center bezeichnet (siehe Abbildung 13) und sollen dazu führen, die Kundenzufriedenheit zu steigern.[35]

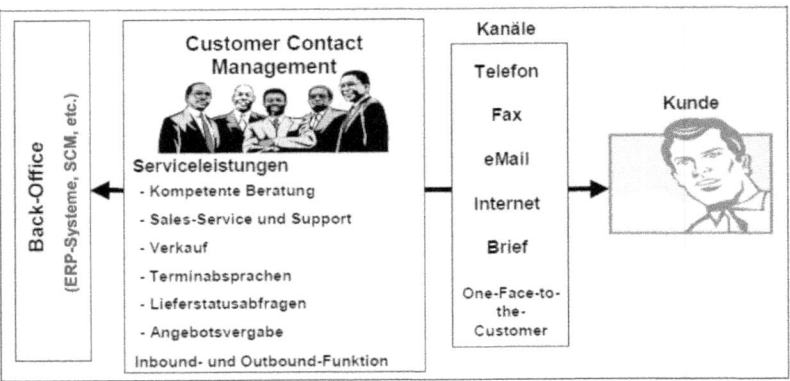

Abbildung 13: Customer Interaction Center (Quelle: Wannenwetsch, Helmut, 2005, S.285)

4.3 Integration von CRM in die Supply Chain

Für eine erfolgreiche Umsetzung einer CRM-Strategie müssen zudem die Bedürfnisse der einzelnen Kunden bezüglich der Aspekte Kosten, Zeit, Qualität, Belieferung und Service berücksichtigt werden. Dazu ist die Unterstützung der gesamten Supply Chain notwendig. Setzt ein CRM auf eine nicht funktionierende Supply Chain auf, können folgende Situationen entstehen:

- Abnahme der Kundenzufriedenheit, wenn der Liefertermin durch die Supply Chain nicht gehalten werden kann

- Lieferung von unrentablen Produkten, wenn keine Kostentransparenz für das Supply Chain Management gegeben ist

- Kundenbedürfnisse werden zu spät erkannt und können nicht durch die Supply Chain erfüllt werden.[36]

Eine gute Interaktion zwischen CRM und SCM kann hingegen:

- Die Planung des Warenbestandes in einem Ersatzteillager unterstützen

- Informationen über Reparatur- oder Gewährleistungsaufträge zu Produkten vereinfachen

---

[35] Vgl. Wannenwetsch, Helmut, 2005, S.284f.
[36] Vgl. Wannenwetsch, Helmut, 2005, S.285f.

• Eine Prognose über den Bedarf an Ersatzteilen ermöglichen.[37]

Durch diese Aspekte lassen sich die Kundenzufriedenheit steigern und die damit ver-
bundene Kundenbindung intensivieren. Darüber hinaus können durch die Anbindung
von CRM-Systemen an SCM-Systeme dem Kunden in Echtzeit verlässliche Lieferter-
mine zugesichert oder es kann der Status eines Auftrags nachvollzogen werden.
Ebenso ist die Speicherung der Kunden- und Auftragsdaten ohne Medienbrüche und
Redundanzen gewährleistet. Es entsteht demzufolge eine Win-Win-Situation für SCM
und CRM, wovon auch der Kunde durch z.B. eine schnelle Ersatzteillieferung profi-
tiert.[38]

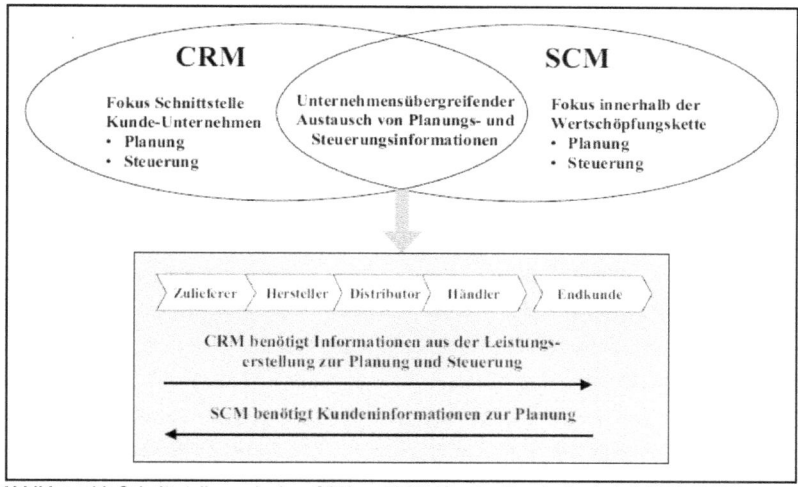

Abbildung 14: Schnittstellen zwischen CRM und SCM (Quelle: Busch, Axel et al, 2008, S.428)

Die Win-Win-Situation kommt dadurch zustande, dass zum Einen das SCM mit Kundeninformationen aus dem CRM zur Planung versorgt wird, wodurch der Daten- und
Planungsfluss über die gesamte Wertschöpfungskette verbessert und somit Fehler in
der Produkt- und Produktionsplanung weitestgehend vermieden werden. Zum Anderen
erhält das CRM die Informationen des SCM, um die Produktionsseite in ihre Planungen
mit einzubeziehen. Das ist beispielsweise bei der Planung von Marketingmaßnahmen
im Vertrieb erforderlich, um Absatzmenge u.a. durch eine realisierbare Produktions-
menge planen zu können. Hinzu kommt noch, dass der Vertrieb auf die Produktverfüg-
barkeit angewiesen ist. Sollten Produktionsengpässe, wie z.B. Beschaffungsengpässe

---

[37] Vgl. Wannenwetsch, Helmut, 2005, S.287.
[38] Vgl. Wannenwetsch, Helmut, 2005, S.286f.

oder Maschinenausfälle, auftreten, kann der Vertrieb durch den guten Informationsfluss schnell darauf reagieren und entsprechende Änderungen in der Maßnahmenplanung des CRM vornehmen. Zusätzlich kann das CRM mittels der SCM-Informationen weiteren Kundenservice, wie z.b. eine exakte Lieferterminbestimmung durch schnell abrufbare Produktionsdaten, anbieten. Zusammenfassend lässt sich sagen, dass ein unternehmensübergreifender Austausch von Planungs- und Steuerungsinformationen durch die Integration von CRM in die SCM stattfindet (siehe Abb.14).[39]

5   Trends im CRM in der Praxis

Dieses Kapitel gibt einen Einblick zu Trends im Bereich CRM in der Praxis. Dabei wird zunächst auf Electronic Customer Care am Beispiel des IT-Dienstleisters GESIS eingegangen. Im Anschluss wird der Trend eMass Customization am Beispiel des Maßkonfektionärs Dolzer aufgezeigt.

5.1   Electronic Customer Care

Ein Kundenbindungskonzept, das insbesondere im Bereich des After-Sales aktiv ist, ist das Electronic Customer Care. Das Customer-Care Konzept umfasst die Bereitstellung eines Beschwerdesystems, das in ein Customer Interaction Center integriert werden kann. Dies ermöglicht den Kundenkontakt über alle verfügbaren Kommunikationskanäle. Innerhalb des Electronic Customer Care werden Präventivdialoge mit dem Kunden geführt, um Unzufriedenheit frühzeitig aufzudecken und entsprechende Problemlösungen einzuleiten. Die gewonnenen Informationen sollen anschließend bei allen weiteren Kundenkontakten verfügbar sein. Zusätzlich werden die Daten an weitere verantwortliche Abteilungen sowie auch externe Supply Chain Partner weitergeleitet. Über das Internet erfasste Beschwerden liefern damit wichtige Hinweise auf Probleme der Produkte und Prozesse entlang der Supply Chain.

Der IT-Dienstleister GESIS hat für den Serviceprozess im User Help Desk eine Plattform geschaffen, die auf das Customer Interaction Center und einer eService-Lösung aufbaut. Durch die Lösung von GESIS wird die Abwicklung der Serviceprozesse vom Eingang einer Störmeldung bis zur detaillierten Dokumentation sowie einer statistischen Auswertung unterstützt. Nach der Mitteilung eines Fehlers durch Telefon oder Internet erfolgt während der Erledigung der Meldung die automatische Benachrichti-

---

[39] Vgl. Busch, Axel et al, 2008, S.427, S.433.

gung des Users durch eine Mail mit Status, Ursache und Lösung. Durch dieses transparente Beschwerdemanagement konnte die Kundenzufriedenheit gesteigert werden.[40]

5.2 eMass Customization

eMass Customization bedeutet kundenindividuelle Massenproduktion und bezeichnet die Strategie einem Kunden genau das Produkt zur Verfügung zu stellen, das dieser sich wünscht und zu einem Preis von einem vergleichbaren Standardprodukt. Dadurch können die Kostenvorteile, die eine Massenproduktion bietet mit einer kundenindividuellen Einzelfertigung kombiniert werden. Zusätzlich wird der Aufbau einer individuellen Kundenbeziehung erleichtert, da der Kunde dem Anbieter seine Wünsche mitteilt.

Der Online-Shop Dolzer bietet in der Bekleidungsindustrie im Internet eine Selbstkonfiguration an. Der Kunden kann bei seinen Produkten aus einer Vielzahl von Stoffen und Mustern wählen, um sich daraus sein individuelles Kleidungsstück zusammenzustellen. Bei einem Hemd können beispielsweise die Farbe, der Stoff, die Art des Kragens und die individuellen Maße angegeben werden. Außerdem können Maße, die möglicherweise zuvor in einer Filiale aufgenommen wurden, für die Online-Bestellung übernommen werden. Bei jeder Änderung der Konfiguration wird der gültige Preis stets aktualisiert.[41]

6 Fazit

Customer Relationship Management hat das Ziel erfolgreiche Kundenbeziehungen zu realisieren. Durch kundenorientierte Informationssysteme entstehen viele neue Möglichkeiten Kundenwünsche schnell, wirkungsvoll und kostengünstig zu erfassen und umzusetzen.

CRM wird fälschlicherweise oftmals als reine IT-Thematik verstanden, benötigt jedoch vor der Einführung eines IT-Systems eine ausführliche strategische Konzeption sowie die bereichsübergreifende Ausrichtung auf den Kunden.

Im Hinblick auf ein erfolgreiches Supply Chain Management kann CRM die Planungsgenauigkeit steigern, da mehr Informationen über den Kunden zur Verfügung stehen. Somit kann durch eine Zusammenarbeit des SCM und CRM langfristig eine Steigerung des Unternehmenserfolgs erzielt werden.

---

[40] Vgl. Wannenwetsch, Helmut, 2005, S.308f.
[41] Vgl. Wannenwetsch, Helmut, 2005, S.312.

Abbildungsverzeichnis

Literatur- und Quellenverzeichnis

Busch, Axel/ Langemann, Timo (2008): Unternehmensübergreifende Planung als Schnittstelle zwischen CRM und SCM, In: Effektives Customer Relationship Management - Instrumente–Einführungskonzepte–Organisation, Teil II, Seiten 419-434, Hrsg.: Helmke, Stefan/ Uebel, Matthias F./ Dangelmaier, Wilhelm, 4. Aufl., Wiesbaden, 2008.

Bruhn, Manfred (2009): Das Konzept der kundenorientierten Unternehmensführung, In: Kundenorientierte Unternehmnsführung – Kundenorientierung- Kunderzufriedenheit- Kundenbindung, Hrsg.: Hinterhuber, Hans H., Matzler, Kurt, 6. Überarbeitete Aufl., Wiesbaden, 2009.

Bruhn, Manfred (2011): Relationship Marketing – Das Management von Kundenbeziehungen, München, 2011.

Bruhn, Manfred (2001): Relationship Marketing – Das Management von Kundenbeziehungen, München, 2001.

Combit GmbH (2006): ABC-Analyse von Kunden, In: http://www.combit.net, URL http://www.combit.net/de/support/files/cmbtkb/abc.pdf (Stand: 2006, Abruf: 28.05.2012)

Hippner, Hajo/ Hoffmann, Onno/ Rimmelspacher, Udo/ Wilde, Klaus D. (2006): IT-Unterstützung durch Customer Relationship Management-Systeme am Beispiel von mySAP CRM, In: Grundlagen des CRM – Konzepte und Gestaltung, Erster Teil, Seiten 75-95, Hrsg.: Hippner, Hajo/ Wilde, Klaus D., 2. Aufl., Wiesbaden, 2006.

Hofbauer, Günter/ Hellweg, Claudia (2009): Professionelles Vertriebsmanagement – der prozessorientierte Ansatz aus Anbieter- und Beschaffersicht, 2. Aufl., Erlangen, 2009.

Kappler, Arnold (2004): Die vier Kernaufgaben im dynamischen Marketing, Hedngen, 2004. www.kappler-management.ch/documents/database/seiten/51490/Die%20vier% 20-Kernaufgaben%20im%20dynamischen%20Marketing.pdf (Stand: 2004, Abruf: 25.04.2012)

Leußer, Wolfgang/ Hippner, Hajo/ Wilde, Klaus D. (2011): CRM - Grundlagen, Konzepte und Prozesse, In: Grundlagen des CRM – Strategie, Geschäftsprozesse und IT-Unterstützung, Erster Teil, Seiten 15-55, Hrsg.: Hippner, Hajo/ Hubrich, Beate/ Wilde, Klaus D., 3. Aufl., Wiesbaden, 2011.

Rennhak, Carsten (2005): Die Bedeutung der Kundenbindung
http://www.munich-business-school.de/fileadmin/mbs/documents/working_pap
ers/MBS-WP-2005-10.pdf
(Stand 2005, Abruf 25.05.2012)

Rentzmann, René/ Hippner, Hajo/ Hesse, Frank/ Wilde, Klaus D. (2011): IT-Unterstützung durch CRM-Systeme, In: Grundlagen des CRM - Strategie, Geschäftsprozesse und IT-Unterstützung, Erster Teil, Seiten 129-155, Hrsg.: Hippner, Hajo/ Hubrich, Beate/ Wilde, Klaus D., 3. Aufl., Wiesbaden, 2011.

Schawel, Christian/ Billing, Fabian (2009): Top 100 Management Tools – Das wichtigste Buch eines Managers, 2. überarbeitete Aufl., Wiesbaden, 2009.

Schneider, Willy (2008): Profitable Kundenorientierung durch Customer Relationship Management (CRM) – Wertvolle Kunden gewinnen, begeistern und dauerhaft binden, Heidelberg, 2008.

Wannenwetsch, Helmut (2005): Vernetztes Supply Chain Management - SCM-Integration über die gesamte Wertschöpfungskette, Seiten 273-314, Heidelberg, 2005.

Lightning Source UK Ltd.
Milton Keynes UK
UKHW040842110119
335395UK00001B/257/P